Albert Müller

Szenische Fragen zur Alkestis des Euripides

Albert Müller

Szenische Fragen zur Alkestis des Euripides

ISBN/EAN: 9783744683111

Hergestellt in Europa, USA, Kanada, Australien, Japan

Cover: Foto ©ninafisch / pixelio.de

Weitere Bücher finden Sie auf **www.hansebooks.com**

Jahresbericht

des

Lyceums zu Hannover.

Ostern 1860.

Mit einer Abhandlung des Collaborators Dr. Müller:
Scenische Fragen zur Alkestis des Euripides.

Hannover.

Schrift und Druck von Fr. Culemann.

1860.

Aristophanem pag. XIX. ἴδιον δὲ κωμῳδίας μὲν τὸ μεμιγμένον ἔχειν τοῖς σκώμμασι γέλωτα, τραγῳδίας δὲ πένθη καὶ συμφοράς· σατυρικῆς δὲ οὐ τὸ ἀπὸ πένθους εἰς χαρὰς ἀπαντᾶν, ὡς ὁ Εὐριπίδου Ὀρέστης καὶ Ἄλκηστις καὶ ἡ Σοφοκλέους Ἠλέκτρα ἐκ μέρους, ὥσπερ τινές φασιν, ἀλλ᾽ ἀμιγῆ καὶ χαρίεντα καὶ θυμελικὸν ἔχει γέλωτα. Endlich Tzetzes bei Dübner l. c. pag. XXIV, der zu den Versen 61 und 62 σατυρικὸν δὲ Πρατίναν οἶδα μόνον . ἄλλους δ᾽ ἐφευρὼν εἰ θέλεις, τέκνον, γράφε, ſich folgendermaßen aus= ſpricht: τοῦτο εἶπον ἠπατημένος τοῖς ἐξηγουμένοις Εὐριπίδην καὶ Σοφοκλέα, γράψασιν οὕτω· τὸ δρᾶμα τὸ τῆς Ἀλκήστιδος Εὐριπίδου καὶ ὁ Ὀρέστης καὶ ἡ Σοφοκλέους Ἠλέκτρα καὶ ὅσα τοιαῦτα σατυρικά ἐστι καὶ οὐ τραγικά . ἀπὸ συμφορῶν γὰρ καὶ δακρύων εἰς χαρὰν κατανττῶσιν . οὕτω μὲν οὖν ἔγραψα περὶ τῶν σατύρων τούτοις ἠπατημένος . ἐντυχὼν δὲ σατυρικοῖς δράμασιν Εὐριπίδου αὐτὸς μόνος ἐπέγνων ἐκ τούτων σατυρικῆς ποιήσεως καὶ κωμῳδίας διαφοράν . ἡ μὲν οὖν κωμῳδία δριμέως τινῶν καθαπτομένη διαβολαῖς, ἐπιλοιδορίας κινεῖ γέλωτα . ἡ δὲ σατυρικὴ ποίησις ἄκρατον καὶ ἀμιγῆ λοιδορίας ἔχει τὸν γέλωτα κάτω ἡδύτατον, οὸν τοῖν ἐν θυμέλαις.

Die neuern Kritiker, welche ebenſowenig als die alten — wie es wenigſtens ſcheint — ein feſtes Fundament zur Beur= theilung des vorliegenden Stüdes hatten, ſtritten natürlich auch darüber, welcher poetiſche Werth der Alkeſtis als Tragödie bei= zulegen ſei. Vor allem hat Wieland das Stüd einer ſehr ſtrengen Kritif unterzogen. Dieſer Dichter behandelte dieſelbe Sage in einem Drama und begleitete dieſes mit einer Abhand= lung (Werke Bd. 47, pag. 204 ff.), in der er die verſchiedenen ſchwachen Seiten der Euripideiſchen Schöpfung ans Licht zieht und ſchließlich zu dem Reſultate kommt, daß das Ganze ein ſehr froſtiges Machwerk ſei. Anders urtheilte Göthe, der, durch den Wielandſchen Auffatz angeregt, verſuchte der Alkeſtis doch eine Bedeutung als Tragödie beizulegen und dies auf launige und geiſtreiche Weiſe in dem kleinen Stüdchen „Götter, Helden und Wieland" (Werke Bd. VII p. 181) ausführte. Leſſing hielt das Stüd für ein Satyrdrama, indeſſen iſt dieſe Anſicht ſchon längſt von Eichſtädt (De Graecorum poësi comico-sa-tyrica pag. 69) verworfen. Gottfried Hermann (Vorrede zu

Monk's Ausgabe der Alkestis) stellte die das Richtige beinahe treffende Vermuthung auf, die Alkestis sei als drittes Stück einer Trilogie aufgeführt, und versuchte aus dieser Annahme die mancherlei Eigenthümlichkeiten derselben zu erklären.

Endlich kam Licht in die Sache durch die von W. Dindorf in dem Codex Vaticanus 909 aus dem dreizehnten Jahrhundert aufgefundene Dibaskalie, welche ein sicheres Fundament für die Kritik abgab und lehrte, daß die Alkestis als viertes Stück einer Trilogie an der Stelle eines Satyrbramas aufgeführt sei. Sie lautet: Ἄλκηστις ἣ Πελίου θυγάτηρ ὑπομείνασα ὑπὲρ τοῦ ἰδίου ἀνδρὸς τελευτῆσαι Ἡρακλέους ἐπιδημήσαντος ἐν τῇ Θετταλίᾳ διασώζεται βιασαμένου τοὺς χθονίους θεοὺς καὶ ἀφελομένου τὴν γυναῖκα. παρ᾽ οὐδετέρῳ κεῖται ἡ μυθοποιία. Τὸ δρᾶμα ἐποιήθη ι´ξ (corrigiert in ι´ε oder wohl richtiger in ι´ς). ἐδιδάχθη ἐπὶ Γλαυκίνου ἄρχοντος τὸ λ? (Dind. π´ε ὀλ.) πρῶτος ἦν Σοφοκλῆς, δεύτερος Εὐριπίδης Κρήσσαις Ἀλκμαίωνι τῷ διὰ Ψωφῖδος Τηλέφῳ Ἀλκήστιδι . τὸ δὲ δρᾶμα κωμικωτέραν ἔχει τὴν κατασκευήν . (Cobet καταστροφήν).

Nun war man im Klaren. Die Schlaffheit des Admet, das rohe Benehmen des Herakles, der heitere Schluß, so wie manches sonst Auffallende konnte mit einem Male richtiger beurtheilt werden; und die nachfolgenden Kritiker, namentlich Glum (Berlin 1836), Dünßer (Jahns Jahrb. Supplem. 5 p. 192), Köchly (Pruß litter. hist. Taschenbuch 1847 p. 361) stimmen im wesentlichen dem Urtheile Müllers bei, der in der Gr. Litt. Gesch. II, 187 sich folgendermaßen ausspricht: „ — dagegen erfüllt es, so wie es ist, die Bestimmung, einer Reihe von wirklichen Tragödien einen erheiternden Schluß zu geben, bei dem das Gemüth von der starren Spannung der tragischen Empfindung wieder herabgespannt werden soll, im vollkommenen Maße." Dahingegen hat sich in Firnhaber (Zimmermann Ztschr. f. A. W. 1837 pag. 411, 1840 pag. 145) noch ein Vertheidiger der alten Ansicht, die an der tragischen Natur der Alkestis festhält, gefunden.

Ist somit die Frage nach dem ästhetischen Werthe des Stückes aufs Reine gebracht, so soll in den folgenden Blättern die scenische Seite desselben, die einiges Besondere darbietet, ins Auge gefaßt werden.

1*

§. 1.

Von der Vertheilung der Rollen unter die Schauspieler.

Dem so eben bezeichneten Charakter des Stückes entspricht einerseits die Kürze, andrerseits die höchst einfache Anlage desselben, die es sogar wahrscheinlich macht, daß die Alkestis von nur zwei Schauspielern aufgeführt worden ist. Obwohl ich mich mit dieser Ansicht im Widerspruche zu der in damaliger Zeit herrschenden Sitte befinde und auch glaube, daß dem Dichter drei Schauspieler zu Gebote standen, so trage ich doch kein Bedenken bei derselben zu beharren, da sie im Einklange mit einem Gesetze steht, das im gesammten Griechischen Alterthume gilt und sich in jeder Lebensäußerung der Hellenischen Nationalität wiederfindet. Die Griechen suchten nämlich ihres Gleichen in der intensiven Ausbeutung der ihnen zu Gebote stehenden Mittel und verwendeten auf keine ihrer oft so großartigen Schöpfungen mehr, als unumgänglich nothwendig war. Es würde zu weit führen dieses im Einzelnen nachzuweisen; ich erinnere nur an den hier besonders nahe liegenden Umstand, daß selbst bei den complicirtesten Tragödien nie mehr als drei Schauspieler auftraten, indem man vorkommenden Falls eher zu andern Auskunftsmitteln als Parachoregem, Parastenion zc. seine Zuflucht nahm, als einen vierten Schauspieler einführte. Da nun die Alkestis von zwei Personen wohl aufgeführt werden konnte, sehe ich keinen Grund, über diese Zahl hinauszugehen. Zur Gewißheit kann diese Hypothese allerdings nicht geführt werden.

Zum leichtern Verständniß der folgenden Untersuchung stelle ich ein Verzeichniß der in den einzelnen Scenen handelnden Personen auf.

1. Apollo. v. 1—27.
2. Apollo. Thanatos. v. 28—77.
3. Chor. v. 78—140.
4. Chor. Magd. v. 141—212.
5. Chor. v. 213—243.

6. Chor. Abmet. Alkestis. Eumelos, Perimele. v. 244
—434.
7. Chor. v. 435—475.
8. Chor. Herakles. v. 476—508.
9. Chor. Herakles. Abmet. v. 509—550.
10. Chor. Abmet. v. 551—567.
11. Chor. v. 568—605.
12. Chor. Abmet. v. 606—613.
13. Chor. Abmet. Pheres. v. 614—733.
14. Chor. Abmet. v. 734—746.
15. Sklav. v. 747—772.
16. Sklav. Herakles. v. 773—860.
17. Chor. Abmet. v. 861—1007.
18. Chor. Abmet. Herakles. Alkestis. v. 1008—1163.

Zuerst entsteht die Frage, welche von den beiden Haupt=
rollen des Abmet und der Alkestis dem Protagonisten zuzutheilen
sei. Insofern nun die Partie der Alkestis die edelste und an=
drerseits die Titelrolle ist, könnte man auf den Gedanken kommen,
sie für den Protagonisten zu bestimmen; indessen hält davon
die Kürze derselben (sie kommt nur v. 244—434 vor), so wie die
Leichtigkeit der Ausführung ab, da sie eben nur von einem
Affecte getragen wird. Ich gebe sie daher dem Deuteragonisten,
so daß dem Protagonisten der Abmet bleibt. Diese Rolle, die
eine ganze Stufenleiter von Leidenschaften durchläuft, erfordert
auch in der That einen weit geschickteren Schauspieler. Dem=
gemäß müssen alle Personen, die in Unterhaltung mit dem Ab=
met eingeführt werden, dem Deuteragonisten zufallen. Freilich
dürfte es auf den ersten Blick unpassend erscheinen, die Alkestis
und den Herakles von demselben Schauspieler darstellen zu lassen,
und dieses wäre auch vielleicht in einer wahren Tragödie nicht statt=
haft; bei genauerer Betrachtung gestaltet sich doch die Sache
anders. Denn obwohl die Alten keine Illusion, wie wir, im
Theater suchten, so scheint es doch, daß sie einige Rücksicht auf
die Person des Schauspielers nahmen (vgl. K. F. Hermann
Berll. Jahrbb. 1843. Nr. 54. S. 425), und so gereichte es ge=
wiß den Athenern zu großem Vergnügen, wenn sie denselben
Schauspieler, der eben in der Rolle der Alkestis gestorben war,
nach nicht langer Zeit als Herakles betrunken wieder auftreten

ſahen. Sodann muß dem Deuteragoniſten die Rolle des Phe=
res zufallen, da dieſer mit Admet v. 614—733 ſtreitet.

Nach dieſer Beſtimmung muß der Sklav (v. 773 ff.) vom
Protagoniſten übernommen werden. Hiedurch entſteht eine
Schwierigkeit, indem dieſer Schauſpieler v. 746 als Admet ab=
geben und ſofort wieder als Sklav auftreten muß; dann tritt er v.
860 als Sklav ab und kehrt gleich darauf als Admet zurück.
Dieſe Schwierigkeit läßt ſich aber auf folgende Weiſe löſen.
Nach v. 746, wo der Leichenzug die Bühne verläßt, tritt näm=
lich eine Pauſe ein, während welcher Bühne und Orcheſter eine
Zeit leer ſind, hier um ſo paſſender, da die Peripetie des Stückes
an dieſer Stelle eintritt und es angemeſſen iſt, die Zuſchauer
eine Zeitlang in der ernſten Stimmung zu laſſen; nach v. 861,
wo Herakles abgeht, um dem Thanatos die Alkeſtis wieder ab=
zuringen, tritt ebenſo angemeſſen die zweite Pauſe ein, da hier
die Erwartung der Zuſchauer auf das Höchſte geſteigert iſt.
Während dieſer beiden Pauſen behält der Protagoniſt Zeit ge=
nug, die nöthigen Veränderungen am Coſtüm vorzunehmen.

Es bleiben jetzt noch drei Rollen zu vertheilen, die Magd,
Thanatos und Apollo. Was zunächſt die Magd anbetrifft, ſo
gehe ich bei der Beſtimmung derſelben von der Beobachtung
Hermanns aus, (vgl. de distributione personarum Marburg
1840 p. 33 und 34) daß die Boten, welche die Schickſale der
im Stücke handelnden Perſonen erzählen, von denſelben Schau=
ſpielern, wie dieſe Perſonen ſelbſt dargeſtellt ſeien, und theile
ihre Rolle dem Deuteragoniſten zu, der ja auch die Alkeſtis
ſpielt. Außerdem dürfte auch von Gewicht ſein, daß auf dieſe
Weiſe die beiden weiblichen Rollen demſelben Schauſpieler zu=
getheilt werden.

Zweifelhaft iſt es, wie Apollo und Thanatos vertheilt wer=
den müſſen, da beide nur im Anfange des Stückes auftreten
und ihre Beſtimmung auf die übrigen keinen weitern Einfluß
hat. Doch dürfte vielleicht Apollo dem Deuteragoniſten zuge=
theilt werden, da der ewig jugendliche Gott wohl am beſten von
dem die beiden weiblichen Rollen ſpielenden Schauſpieler darge=
ſtellt wird. So bleibt denn Thanatos für den Protagoniſten.

Damit haben wir folgende Vertheilung:

Protagoniſt = Admet, Thanatos, Sklav.

Deuteragonist = Alkestis, Apollo, Herakles, Pheres, Magd;
und weder der eine, noch der andre ist übermäßig belastet, da
die 880 Verse des Stückes, die nach Abzug der Chorpartie für
den Dialog übrig bleiben, sich ungefähr gleich auf beide Schau=
spieler vertheilen.

Einiges ist noch hinzuzufügen über die wenigen Verse des
kleinen Eumelos (393. 403. 406—416). O. Müller (Gr. Litt.
Gesch. II, 157) läßt sie durch ein Parachoregem darstellen, jedoch
mit Unrecht, da die Umstände nicht auf das passen, was Pollux
IV, 110 (εἰ δὲ τέταρτος ὑποκριτής τι παραφθέγξαιτο, τοῦτο
παραχορήγημα ἐκαλεῖτο, καὶ πεπρᾶχθαί φασιν ἐν ᾿Αγαμέμνονι
Αἰσχύλου) als das Wesen des Parachoregem angiebt. Dort
ist die Rede von einem vierten Schauspieler, und offenbar kann
die Rolle eines Knaben nicht von einem Manne ausgeführt
werden; ferner redet Pollux von einem Sprechen, während
Eumelos singt. Nun fährt aber Pollux an derselben Stelle
fort: ὁπότε μὲν ἀντὶ τετάρτου ὑποκριτοῦ δέοι τινὰ τῶν χο-
ρευτῶν εἰπεῖν τι ἐν ᾠδῇ, παρασκήνιον καλεῖται τὸ πρᾶγμα,
und das paßt besser auf unsere Stelle. Die Sache scheint mir
folgende zu sein (vgl. Hermann Verll. Jahrbb. 1843 p. 411).
Den Knaben, der den Eumelos spielte, mußte der Chorege eben
so gut stellen, wie das Schaf in Aristophanes Frieden (v. 1040
χούτω τὸ πρόβατον τῷ χορηγῷ σώζεται). Der Knabe gesticu=
lierte auf der Bühne, aber hinter der Periakte sang ein Choreut
die Worte, und zwar einer aus der Zahl derer, die nach Ab=
zug der 15, welche gerade den Chor bildeten, von den 50 ge=
stellten übrig blieben (O. Müller Eumeniden p. 71 ff.) Wenn
Pollux von einem vierten Schauspieler spricht, so ist das
irrelevant, denn ein so vereinzelter Fall, wo ein Knabe auftrat,
konnte seiner Berücksichtigung leicht entgehen. In der Sterbe=
scene der Alkestis war ferner die Tochter derselben (nach dem
Scholiasten bei Matthiä v. 246. Perimele genannt) zugegen,
wie aus v. 313 erhellt σὺ δ᾿ ὦ τέκνον μοι, πῶς κορευθήσει
καλῶς, vgl. auch v. 371. 375. 379. Auch den das Mädchen
vorstellenden Knaben mußte der Chorege stellen.

Schließlich sind noch zwei Schwierigkeiten zu lösen, welche
die Darstellung der Alkestis selbst betreffen. Zunächst wird nach
v. 606 die todte Königin aus dem Hause getragen (v. 606—

dem Admet den Herakles unter sein gaſtliches Dach aufgenom=
men, das liebliche Loblied auf die Gaſtfreundlichkeit des Ad=
met (v. 568 ff.), das in ſeinem heitern Tone ſehr gegen die
darauf folgende Trauerſcene der Beerdigung abſticht. Aber
grade dieſe Nebeneinanderſtellung der heterogenſten Empfindungen
iſt ein Kunſtgriff der Tragiker. Ebenſo, nur noch in vollen=
deterer Weiſe wird in Sophokles Antigone nach dem Abgange
des Hämon die Macht des Eros in dem wunderbar zarten
Liede „Ἔρως, ἀνίκατε μάχαν etc." gefeiert, und es folgt gleich
darauf die grauenhafte Enthüllung der ſchrecklichſten Gräuel.
Es iſt noch eine Hoffnung übrig, der Chor greift ſie auf, ver=
weilt bei ihr, um nachher deſto gewaltiger von den Schickſals=
ſchlägen getroffen zu werden.

Nachdem v. 739 Pheres, von ſeinem Sohne auf die un=
gebührlichſte Weiſe abgefertigt, abgegangen iſt, beginnt der Lei=
chenzug, und zwar wird die Alkeſtis, der Admet folgt, durch die
rechte Seitenthür fortgetragen, da das Grabmal ſich in der
Nähe der Stadt befand (v. 836). Der Chor aber begleitet
den Leichenzug, indem er durch die rechte εἴσοδος abgeht.
Daß er überhaupt die Orcheſtra verläßt und eine Zeit lang ganz
abgetreten iſt, erhellt theils aus dem Schweigen des Chores
während des ganzen Dialogs zwiſchen Herakles und dem Die=
ner, und aus v. 897, wo Admet dem Chore vorwirft: τί μ'
ἐκώλυσας ῥῖψαι τύμβου τάφρον ἐς κοίλην; — theils aus dem
Scholiaſten zu der Stelle, der ſagt: διὰ τί μ' ἐκώλυσας ῥῖψαι
ἐμαυτὸν τῷ τάφῳ τῆς γυναικός; πρὸς τὸν χορόν φησιν. ἦν
γὰρ ὁ χορὸς μετ' αὐτοῦ. δύναται γὰρ ὁ χορὸς ἐξίστασθαι
τῆς σκηνῆς, ὡς καὶ ἐν Αἴαντι μαστιγοφόρῳ. Ueber das Ab=
treten des Chors iſt nun kein Zweifel; aber er hätte auch über
die Bühne, dem Leichenzuge direct folgend, ſich durch die rechte
Seitenthür entfernen können. Dagegen ſpricht aber der Um=
ſtand, daß in dem weitern Verlauf des Stückes kein Anlaß
ſich findet, bei dem er die Bühne verlaſſen könnte, um wiederum
in die Orcheſtra hinabzuſteigen, und ſich kein Grund erdenken läßt,
warum er bis zu Ende des Dramas auf der Bühne bleiben
ſollte, was gegen jeden Gebrauch der alten ſceniſchen Dichter
verſtoßen würde. Im übrigen iſt der oben angeführte Modus
auch ganz der richtige, indem der Schauſpieler, der von dem

ihm eigenthümlichen Boden — dem Logeion — abgeht, mit dem
Chor, wenn er die ihm eigenthümliche Orcheſtra nach derſelben
Seite hin verläßt, nach der Auffaſſung der Alten nothwendig
zuſammentreffen mußte; ebenſo natürlich kehren auch beide Theile
auf den ihnen angemeſſenen Wegen zurück.

Dieſes gänzliche Abtreten des Chores iſt bei den Tragikern
äußerſt ſelten und hat an jeder Stelle ſeinen beſondern Grund;
betrachten wir kurz die einzelnen Fälle.

Zuerſt die Eumeniden des Äſchylus. Dort erſcheint ziem=
lich im Anfange der Chor der Eumeniden im Tempel des del=
phiſchen Apollo ſchlafend, während Oreſtes auf Geheiß des
Apollo, von Hermes geführt, entflieht. Dann ſchwebt der
Schatten der Klytämneſtra herbei und wirft dem Chore der
rächenden Göttinnen ihre Nachläſſigkeit vor, vermöge deren Oreſt
entkommen ſei; der Schatten verſchwindet, die Eumeniden er=
wachen, ſehen den Oreſtes nicht mehr und machen darob dem
Apollo die bitterſten Vorwürfe. Doch werden ſie von dieſem
aus ſeinem Tempel gewieſen und entfernen ſich nach v. 226
in größter Eile, und zwar durch die linke Seitenthür der Büh=
nenwand; denn als Verfolgerinnen müſſen ſie auf demſelben
Wege, auf dem ihr Opfer entflohen war, abtreten. Es
iſt demnach kein Grund vorhanden, ſie ſich durch die Orcheſtra
entfernen zu laſſen. Nachdem gleich darauf v. 229 Apollo ab=
getreten iſt, ſind Bühne und Orcheſtra leer, und die Scene wird
durch eine Decorationsverwandlung nach dem Areopag verlegt.
v. 239 betritt ſodann der Chor die Orcheſtra von der linken
εἴσοδος her. Zwiſchen dieſem zweiten Erſcheinen des Chors
und dem in der Alkeſtis iſt allerdings der Unterſchied, daß in
letzterem Stücke der Chor ſchon in der Orcheſtra geweſen iſt,
in den Eumeniden iſt die ἐπιπάροδος eigentlich die πάροδος
des Chores. Der Grund zu dem Verfahren des Äſchylus lag
in der Scenenverwandlung, denn bei den Alten mußten Bühne
und Orcheſtra leer ſein, wenn eine vollſtändige Verwandlung
eintreten ſollte.

Die zweite Stelle iſt im Ajax des Sophokles. Nachdem
Ajax ſein Zelt verlaſſen hat, wird durch einen Boten von Teu=
kros die Nachricht gebracht (v. 792), Ajax werde ſicherlich un=
tergehen, wenn er an dem Tage das Zelt verlaſſe. Daher

läßt die Tekmessa, in höchster Aufregung, nichts unversucht, den Ajax zu finden und wendet sich auch an den Chor mit der Auf= forderung den Ajax zu suchen. Nun geht Tekmessa durch die rechte Seitenthür der Skene ab. Denn dorthin war auch ihr Gemahl gegangen, und der Chor verläßt die Orchestra ebenfalls durch die rechte Parodos; freilich könnte es auch im Hinblick auf v. 803 ff. scheinen, als ob der Chor, in zwei Halbchöre getheilt, nach beiden Seiten hin abgegangen sei, und es wird diese Annahme durch das später (v. 866) auf diese Weise ein= tretende Zurückkehren des Chores scheinbar bestätigt; doch ver= hält sich die Sache so, wie oben angegeben. Denn da der Chor weiß, daß Ajax nach rechts hin abgegangen ist, so wird die eine Hälfte desselben nicht nach links hin gehen, wo sie ihren Gebieter sicher nicht finden würde, und sodann ist es ganz an= gemessen, wie auch schon in der Stelle der Alkestis auseinander= gesetzt ist, daß der Chor, der einem Schauspieler folgt, auf der= selben Seite die Orchestra verläßt, auf der jener von der Bühne abtritt. Die Stelle v. 803, wo von verschiedenen Himmelsge= genden die Rede ist, nach denen sich der Chor vertheilen soll, ist anders zu deuten, nämlich Tekmessa meint, wenn der Chor zuerst gemeinschaftlich mit ihr an die Stelle gekommen sei, wo man den Ajax zu finden hoffen dürfe, so solle er sich zum Su= chen nach allen Seiten hin vertheilen. Nach dem Abtreten des Chores v. 814 wird die Decoration der Skene verwandelt (cfr. Schol. μετάκειται ἡ σκηνὴ ἐπὶ ἐρήμου τινὸς χωρίου), und Ajax ermordet sich, nachdem er den berühmten Monolog ge= sprochen hat. Der Hauptgrund der Ἔξοδος und ἐπιπάροδος des Chores ist wiederum, wie in den Eumeniden, die Verwand= lung der Decoration. Sodann scheint aber noch ein Grund vorhanden zu sein, nämlich wenn Sophokles den Ajax seinen Entschluß auf der Bühne ausführen lassen wollte, so mußte er zuvor den Chor beseitigen, der ihn sonst sicherlich von seinem Beginnen abgehalten hätte.

Die dritte Stelle ist in der Helena des Euripides. Helena hat erfahren, daß alle ihre Verwandte theils todt seien, theils todt gesagt würden; sie beschließt auf den Rath des Chores die Seherin Theonoë zu befragen, da sie den ihr überbrachten Nach= richten nicht vollen Glauben schenkt (v. 317). Der Chor ver=

spricht, sie in den Palast zur Theonoë zu begleiten; unter dem Gesange eines κομμός (bis 386) begiebt sich der Chor auf das Logeion und geht sodann mit der Helena in den Palast. Darauf tritt Menelaos auf und erkundigt sich bei dem die Thür hütenden Weibe nach den dortigen Verhältnissen; v. 515 kommt der Chor wieder aus dem Palaste, und bald folgt Helena. Es folgt darauf die lang ausgesponne Erkennungsscene zwischen Menelaos und der Helena, während welcher der Chor aber wieder als in der Orchestra befindlich zu denken ist. Der eigenthümliche Grund dieser ἔξοδος und ἐπιπάροδος des Chores liegt hier nicht in der Verwandlung der Decoration, die in diesem Stücke überhaupt nicht vorkommt, sondern darin, daß Euripides den Chor beseitigen mußte, damit dieser dem Menelaos nicht sofort bei seinem Auftreten Kunde über seine Gemahlin gebe, und somit die Gelegenheit zur Erkennungsscene verloren gienge. So war denn der eingeschlagene Weg der einfachste, den Chor für einige Zeit verschwinden zu lassen.

Nach dieser Abschweifung zu unserm Stücke zurückkehrend, haben wir über die Partie des Chores nur noch Weniges hinzuzufügen. Derselbe tritt v. 861 durch die rechte εἴσοδος wieder ein und begiebt sich wieder auf seinen ihm eigenthümlichen Platz, die Thymele. Nach einigen Liedern geht er mit einem anapästischen Systeme, das sich wörtlich am Schluß der Medea, der Helena und der Andromache wiederfindet, durch die rechte εἴσοδος ab.

§. 3.

Von der Decoration der Bühnenwand und dem Auftreten und Abgehen der Schauspieler.

In den meisten Griechischen Theatern hatte die den Zuschauern gegenüber liegende Bühnenwand — die eigentliche Skene — fünf Thüren, wie das neuerdings wieder von dem leider zu früh verstorbenen Schönborn an vielen Monumenten unter Herbeiziehung der einschlagenden Schriftstellen nachgewiesen ist. Diese in den steinernen Gebäude vorhandenen Thüren

konnten entweder in der Decoration berücksichtigt und als Ein=
gänge zu Palästen, Tempeln, gewöhnlichen Wohnhäusern oder
als Wege benutzt, oder ganz mit der Decoration verdeckt werden.
In unserem Stücke waren sie alle fünf nothwendig, wie sich
das aus dem Einzelnen ergeben wird. Zuerst bildete die größte,
die Mittelthür, den Eingang zum königlichen Palaste des Ad=
met. Man vergleiche nur die ersten Worte des Apollo, der
das Haus verlassen hat, um nicht durch die Nähe der Todten
verunreinigt zu werden, und viele andere Stellen des Stückes,
die einzeln aufzuzählen zu weitläuftig ist. Dicht an das Haupt=
gebäude gränzte zur Linken vom Zuschauer aus das Gastgebäude,
in welches Admet v. 545 ff. den Herakles zu führen heißt,
das aber wiederum nicht so eng mit dem Hauptgebäude zusam=
menhieng, daß die Klagen um die gestorbene Königin daselbst ge=
hört werden konnten, wie aus der angeführten Stelle hervor=
geht. Dieses Gastgebäude lege ich vor die linke Nebenthür,
weil die linke Seite der Bühne überhaupt die Seite der Fremde
ist. Die linke Seitenthür endlich, zunächst der Periakte gelegen,
bezeichnete den Weg, von dem her die aus der Fremde Kom=
menden auftraten, also hier Herakles.

Was nun die zwei Thüren zur Rechten des Palastes be=
trifft, so dient |die äußerste Seitenthür, um den nach Pherä
führenden Weg zu bezeichnen, auf dem z. B. Pheres eintritt
und die Alkestis hinausgetragen wird. Es bleibt nur die rechte
Nebenthür übrig, die in diesem Stücke durch kein Gebäude be=
zeichnet wird, sondern einen andern Weg, der ebenfalls nach
Pherä führt, andeutet. Diesen benutzt Herakles, als er hineilt,
um die Alkestis dem Thanatos wieder abzujagen. Er konnte
die äußerste rechte Thür nicht benutzen, da er sonst jedenfalls
dem Admet begegnet wäre, der unmittelbar nach jenes Abtreten
wieder durch diese Thür eintritt. Auch kehrt Herakles mit der
Alkestis wieder auf demselben Wege und durch dieselbe Thür
zurück.

Über die Beschaffenheit der Decoration läßt sich mit Be=
stimmtheit nichts sagen. In den meisten Stücken und so auch
hier werden es Vorhänge gewesen sein, auf denen die darzu=
stellenden Gegenstände abgebildet waren, wenngleich nicht ver=
kannt werden darf, daß in einzelnen Fällen der Tragödie, so

wie der Komödie wirklich in Holz ausgeführte Häuser auf der Bühne sichtbar waren. So z. B. in der Schlußscene der Wolken des Aristophanes, wo das Phrontisterium des Sokrates den Flammen preißgegeben wird.

Die an beiden Seiten des Logeions befindlichen, unsern Coulissen etwa entsprechenden Periakten werden Andeutungen der Gegend gezeigt haben, die an der rechten Seite vielleicht von der Stadt Pherä, die an der linken irgend einen Hain, eine offne Gegend u. s. w.

Durch die oben erwähnten fünf Thüren konnten nun die Schauspieler ein= und abtreten; und zwar kommt Apollo v. 1. aus dem Palaste, also aus der Mittelthür. Zu ihm gesellt sich v. 28. der Thanatos. Es scheint mir wahrscheinlich, daß dieser nicht aus einer der Thüren, sondern von unten her auf der Charonischen Stiege heraufgestiegen ist. Über diesen Aufgang sagt Pollur IV, 132. αἱ δὲ χαρώνιοι κλίμακες, κατὰ τὰς ἐκ τῶν εἰδώλων καθόδους κείμεναι, τὰ εἴδωλα ἀπ' αὐτῶν ἀναπέμπουσι; wozu Schneider Att. Theaterwesen p. 103. Note 124 hinzufügt: „Die Charonischen Stiegen hatten eine den von den Sitzreihen herabführenden Stiegen ähnliche Lage, reich= ten in den untern Raum der Bühne hinab und lagen höchst wahrscheinlich auf beiden Seitenbühnen rechts und links zwischen den Drehmaschinen und dem Vorhange (?) in dem Raume, welchen die Drehmaschinen zu ihren Umschwingungen nöthig hatten." Wenn nun Pollur nur von den Schatten der Todten sagt, daß sie auf diesem Wege auf das Proscenium heraufge= kommen seien, so kann uns das nicht irre machen, da es wahr= scheinlich ist, daß der von Hades entsandte Diener sich derselben Art des Auftretens bedient habe.

Apollo entfernte sich v. 71 durch eine der drei Thüren, welche Wege andeuteten, wahrscheinlich nach links hin, da es ihm darauf ankommt sich aus dem Bereich der Todten zu ent= fernen. Der Thanatos tritt v. 77 in den Palast ein.

Ebendaher kommt v. 141 die Magd und begiebt sich auch nach v. 209 dahin zurück. Dieselbe Thür kommt auch v. 244 und 434 bei dem Auftreten und Abgehen des Admet, der Al= kestis und der beiden Kinder in Anwendung, wobei nur zu be= merken ist, daß das v. 422 gebrauchte Wort ἐκφορά sich nicht

auf die eigentliche Beerdigung bezieht, sondern auf das Hinein-
schaffen der Leiche in den Palast, wo sie erst zur Beerdigung
vorbereitet werden mußte; auch ist beim Auftreten des Herakles
nichts sichtbar, was diesen Helden auf den Tod der Königin
hätte führen können.

Herakles kommt v. 476 als Reisender durch die linke Seitenthür und Admet v. 509 aus dem Palaste; v. 550 wird
Herakles in die Gastwohnung geführt, die links vom Palaste
lag, wie oben bemerkt ist; auch v. 567 und 606 bedient sich
Admet der Mittelthür, auch Alkestis' Leiche wird schon jetzt aus
dem Hause gebracht, wie aus v. 618 und 625 ff. hervorgeht.
Pheres dagegen, der von Pherä kommt, tritt v. 614 durch die
rechte Seitenthür auf und geht dahin wieder ab. Dieselbe
Thür wird bei der Bestattung v. 746 benutzt. Der Sklave
kommt v. 747 aus der linken Nebenthür — der Gastwohnung
— so wie ebenfalls v. 773 Herakles. Die rechte Nebenthür,
den zweiten Weg nach Pherä andeutend, wird nur v. 860 von
Herakles und v. 1008 von Herakles und Alkestis benutzt, während
Admet v. 861 von der rechten Seitenthür her auftritt.

Am Schluß gehen Admet und Alkestis in den Palast, Herakles durch die linke Seitenthür ab, um seine Reise fortzusetzen.

§. 4.
Von dem Costüm der Schauspieler.

Das Costüm der tragischen Schauspieler war weit unter-
schieden von der bei den Griechen im täglichen Leben üblichen
Tracht, und weit entfernt, daß die Masken, der auf das Haupt
gesetzte ὄγκος und die oftmals 10 Zoll hohen Stelzen eine Illusion in unserm Sinne des Wortes hervorbrachten, erinnerten
sie den Zuschauer immer daran, daß die Tragödie nur für die
Bakchische Festfeier ins Leben gerufen sei. Lange, bis auf die
Füße herabwallende Kleider bedeckten den Körper des Schauspielers und gestatten in den uns erhaltenen Monumenten bis-
weilen sogar auf den ersten Blick nicht einmal, die Geschlechter
zu unterscheiden; und da das Costüm der einzelnen Personen

unter einander nur wenig verschieden war, konnte es leicht ge=
schehen, daß ein Schauspieler nach einem raschen Wechsel der
Masken und einzelner Attribute bald diese, bald jene Rolle
spielen konnte. Von welcher Art nun das Costüm jeder ein=
zelnen Person in unserm Stücke gewesen ist, darüber läßt sich
im Einzelnen wenig vorbringen, doch bei Vergleichung der be=
treffenden Worte des Dichters mit den Fragmenten des Vati=
kanischen Mosaikfußbodens (bei Wieseler Denkm. des Bühnen=
wesens Tafel 7 und 8) können wir Folgendes feststellen.

1. **Apollo.** Auf das Costüm desselben beziehen sich nur
v. 35 und 39, wo der Bogen erwähnt wird, den auch Müller
Eumeniden S. 112 diesem Gotte zuschreibt, da er stets so be=
waffnet gedacht wird. Bei Wieseler l. c. T. VII, 4 findet sich
eine Scene, wo ein Schauspieler auf den andern einen Pfeil
abschießt; diese Abbildung ist aber nicht hierher zu ziehen, da
das Costüm der zweiten Person durchaus nicht dem gleicht, das
für den Thanatos anzunehmen ist. Im Uebrigen wird das
Costüm Apollos aus einer Tunica, einem Aermelchiton und
einem darüber geworfenen Himation bestanden haben.

2. **Thanatos.** Auf diesen beziehen sich zwei Stellen
des Stückes: v. 74 ff. aus denen hervorgeht, daß er ein kurzes
Schwert gehabt habe (vgl. d. Scholiasten z. d. St. ἵνα ἀπαρ-
χὴν τῶν τριχῶν λάβω, ὡς ἔθους ὄντος τὸν θάνατον τοὺς
μέλλοντας ἀποθνήσκειν τὴν κομὴν τέμνειν ξίφει, οἷον οὐκέτι
δυνατὸν ἦν ζῆν) und v. 843, demzufolge er ein schwarzes Ge=
wand getragen hat. Die Bemerkung des Scholiasten: εἰδωλο-
ποιεῖται μελαίνας πτέρυγας ἔχων ὁ Θάνατος scheint mir viel=
mehr auf Abbildungen des Thanatos sich zu beziehen, als auf
das Costüm desselben. Wie das Schwert getragen wurde, er=
hellt aus dem Denkmale bei Wieseler VII, 6, nämlich an einem
Riemen über der linken Hüfte. Das sonstige Costüm des Tha=
natos war wie das der tragischen Personen im Allgemeinen,
nur von schwarzer Farbe.

3. **Die Magd.** Ueber diese Person läßt sich mit Be=
stimmtheit nichts sagen, da im Stücke auf ihr Costüm überall
keine Rücksicht genommen wird; daß sie aber der allgemeinen
Trauer wegen schwarz bekleidet zu denken ist, unterliegt wohl
keinem Zweifel.

4. **Admet** erscheint mit geschorenem Haupthaar (v. 512) und schwarzer Gewandung (v. 923), bestehend aus Tunica, Chiton und Himation; das Scepter, ein Attribut königlicher Herrscherwürde, scheint er nicht getragen zu haben, als wenig passend zu seiner jetzigen unglücklichen Lage. Vielleicht könnte er sein Trauergewand erst nach dem Tode seiner Gemahlin (v. 434) angelegt haben, doch dem widersprechen die Worte der Magd (v. 149), daß die ganze Vorbereitung zum Leichenbegäng= nisse schon getroffen sei, wozu offenbar das schwarze Gewand auch gehörte.

5. **Der Sklav.** Von dieser Person handle ich an die= ser Stelle, um zu zeigen, wie durch das Costüm die oben vor= gebrachte Ansicht bestätigt wird, nach der Abmet und der Sklav vom Protagonisten ohne Unterbrechung dargestellt werden muß= ten. Die daraus entstehende Schwierigkeit erledigt sich aber leicht, da der Schauspieler nur die Maske zu ändern brauchte, um sofort als Sklav wieder auftreten zu können, da dieser laut v. 818 ebenfalls geschorenes Haar und schwarze Gewandung hat.

6. **Alkestis** trägt einen weißen Peplos (180). Weiße Gewänder trugen die Todten (vgl. Becker Charikles II, 171), und die Königin bereitete sich nach v. 158—162 bei dem Her= annahen des Todes vollständig zur Katastrophe vor; weiß ge= kleidet wird sie auch zur Bestattung hinausgetragen und kehrt ebenso am Schluß des Stückes von den Todten wieder zurück, wo außerdem ihr Angesicht durch einen Schleier verhüllt ist. Denn sonst hätte Admet seine Gemahlin, die er v. 1050 und 1061 wiederholt genau ansieht, ohne Zweifel sofort erkannt, nun aber geschieht dies erst v. 121, wo Herakles den Schleier aufhebt. Ein Kleid, wie es der Alkestis zuzuertheilen ist, ist bei Wieseler VII, 5 abgebildet, und ist jene Scene auch von Ger= hard auf unser Stück bezogen, doch mit Unrecht, da Hermes ψυχοπομπός von Euripides überall nicht genannt wird. Wir sehen da das Himation in der Art über das Haupt geworfen, daß ein Schleier entsteht, wenn es nur um ein weniges tiefer über das Gesicht herabhängt.

7. Ueber das Costüm des **Herakles** können wir aus unserm Stücke nichts entnehmen; doch sind ihm ohne Zweifel

die Keule und die Löwenhaut — seit Alkman und Pisander
seine stehenden Attribute in der Griechischen Poesie — beizu=
legen. Diese Dinge hat er in der Tragödie (vgl. Rasender
Herakles v. 465 und 466; 470 und 471 Dindorf), wie in der
Komödie (vgl. Wieseler a. a. O. Tafel A, Nro. 25, wo die erste
Scene der Frösche des Aristophanes nach einem alten Vasenge=
mälde abgebildet ist). Außerdem war er als Wanderer viel=
leicht mit dem Petasus versehen (vgl. Müller Eumeniden S.
111 von Orest). Was die übrige Kleidung anbetrifft, so un=
terscheidet er sich nicht von den andern tragischen Personen,
wie das die Gruppen bei Wieseler VII. 2 und 3 zeigen.

8. Den P h e r e s müssen wir uns als Greis mit den In=
signien königlicher Würde und in einem Trauergewande denken,
da er kommt, um die Alkestis mit zu bestatten. Genauere An=
deutungen finden sich im Texte nicht.

9. Der C h o r endlich, trägt keine Trauerkleider; denn v.
216 fragt er bestimmt, ob er sein Haar scheeren und Trauer=
kleider anlegen müsse. Im ganzen Stücke findet sich aber keine
Stelle, wo er diese Veränderung im Costüme vornehmen könnte.

Der griechische Unterricht am Lyceum.

Es ist jetzt gerade ein Decennium verflossen, seitdem der grie=
chische Unterricht am Lyceum nach der von mir angegebenen
Methode (s. Programm von 1852) und nach meinen Lehrbü=
chern mit homerischer Formenlehre und Lectüre begonnen wird.
Diese Neuerung fand anfangs vielfältigen, selbst leidenschaftlichen
Widerspruch, und auch die gemäßigteren Gegner hielten es kaum
für möglich, daß die Gründlichkeit des griechischen Unterrichtes,
insbesondere hinsichtlich der attischen Prosa, durch jenes Ver=
fahren nicht ernstlich sollte gefährdet werden; höchstens wurde
zugestanden, daß ganz besonders befähigte Lehrer im Stande
sein würden, durch ihre persönliche Geschicklichkeit die Verkehrt=
heit der Methode einigermaßen zu neutralisieren. Nachdem aber
nunmehr im Laufe von zehn Jahren am Lyceum 2—300 Schüler
durch sechs verschiedene Lehrer in den Tertien nach jener Me=
thode unterrichtet sind, und nachdem seit vier Jahren bei einer
erheblichen Anzahl derselben das schließliche Resultat in der
Abiturienten=Prüfung hat beobachtet werden können, scheint es
angemessen einen Rückblick zu machen, inwieweit die gestellten
Prognostica sich erfüllt haben oder nicht.

Ich will zunächst die gesammte Einrichtung des griechischen
Unterrichts am Lyceum kurz darstellen. Derselbe wird von
Unter = Tertia aufwärts in sechs einjährigen Classen mit je
sechs wöchentlichen Lectionen ertheilt. In Unter = Tertia
(wo das Durchschnittsalter der Schüler beim Anfange des
Schuljahres etwa 13½ Jahr zu sein pflegt) wird die homerische
Formenlehre nach meiner griechischen Formenlehre gelehrt
und zwar in der Weise, daß zuerst die nothwendigsten Vor=
kenntnisse eingeübt, dann aber neben Lesung des neunten Buches

der Odyssee (nach meinem griechischen Elementarbuche
aus Homer) nach der in der Vorrede der Formenlehre em-
pfohlenen Reihenfolge die Lehren von der Declination und der
regelmäßigen Conjugation vervollständigt werden. Hiernach trennt
sich Lectüre und grammatischer Unterricht; in 3—4 St. wöch.
werden noch 2—3 Bücher der Odyssee gelesen; in 2—3 St.
wöch. werden die Capitel von der unregelmäßigen Flexion und
Formation durchgenommen und die unregelmäßigen Verba sorg-
fältig memoriert; zahlreiche Extemporalia (d. h. in Formenbil-
dungen) dienen zu festerer Einübung. In Ober-Tertia
werden 2—3 St. wöch. verwandt, um die attische Formenlehre
nach meinem Buche zu lehren, verbunden mit Exercitien nach
Dictaten und extemporalen Uebungen. In 3—4 St. wöch.
werden mindestens 4 Bücher der Odyssee und zum Schlusse
mindestens 1 Buch aus Xenophon's Anabasis gelesen. In
Unter-Secunda dienen zur Lectüre (4 St.) hauptsächlich
Homer's Ilias und Xenophon's Anabasis, daneben auch Herodot.
In den grammatischen Lectionen (2 St.) wird ein Ueberblick
der Syntax nach Kühner's Elementargrammatik gegeben mit
Exercitien; daneben Extemporalien zur Repetition der Formenlehre. In Ober-Secunda sind für die Lectüre (5 St.) bestimmt Homer's Ilias, Xenophon's Memorabilien, Herodot und
Reden von Lysias nach Rauchenstein's Answahl. Der grammatische Unterricht (1 St.) beendet die Syntax nach Kühner's
Schulgrammatik mit Exercitien. In Prima richtet sich die
Lectüre (I^b 5 St., I^a 6 St.) hauptsächlich auf Sophokles, Thucydides, Plato, Demosthenes; in I^b auf Stoll's Anthologie grie-
chischer Lyriker und etwa einige Gesänge aus Homer, in I^a ge-
legentlich auch Prometheus von Aeschylus oder die Wolken von
Aristophanes. Der grammatische Unterricht (I^b 1 St.) schließt
sich an Exercitia aus Kühner's Anleitung Abth. III.

Für die Lectüre gilt allgemein die Regel, daß in jeder Classe
gleichzeitig nur ein Schriftsteller gelesen wird, insofern nicht
die Vertheilung der Lehrstunden unter zwei Lehrer es anders
fordert. Der Umfang der Lectüre ergibt sich klarer aus der
genauen Aufzählung dessen, was in den beiden letzten Schul-
jahren wirklich gelesen ist:

Schuljahr 18⁵⁸/₅₉. Unter=Tertia: Homeri Odyss.
IX—XII (Stiffer). — Ober=Tertia: Homeri Odyss. X,
XI VI, VII, VIII; Xenophontis Anabasis L. III (Deichmann).
— Unter=Secunda: Homeri Ilias I, V—IX, Xenophontis
Anabasis L. III, IV, Herodot L. II in Auswahl (Lehners).—
Ober=Secunda: Homeri Ilias VI—XI, XVIII, XIX; Xe-
nophontis Memorabilia L. I, 1. 2, II, 7, III, 6. 7. 12. 13,
IV, 2 (Lehners); Herodot. I, 88—fin.; Lysiae Oratt. XVI,
XIX, XXIII, XXIV (Ahrens). — Unter=Prima: Auswahl
aus den griechischen Lyrikern nach Stoll's Anthologie, Sopho-
clis Ajax, Aristophanis Nubes, Platonis Apologia und Crito,
Thucydides L. I, 1—80 (Kühner). — Ober=Prima: So-
phoclis Antigone und Oedipus Col., Aeschyli Prometheus,
Aristophanis Nubes, Demosthenes de corona, Thucydides
L. II, 1—54 (Ahrens).

Schuljahr 18⁵⁹/₆₀*). Unter = Tertia: Homeri Odyss.
IX, X (Müller). — Ober=Tertia: Homeri Odyss. XIII bis
XVIII, 157 (mit Ueberschlagung von XIV, 191—359; XV, 301
bis 492) und XXI—XXII, 389; Xenophontis Anab. L. I
mit Auslassung von cap. 9. (Stiffer). — Unter=Secunda:
Homeri Ilias I—IV, 165 (Ahrens); Xenophontis Anab. IV,
1. 2. 5—8; V, 1—3; Herod. I, 23. 24; III, 39—43. 120
— 160; II, 2. 5. 10. 13. 14. 19. 32. 33. 35—37. 52—58
(Lehners). — Ober=Secunda: Homeri Ilias X—XII, ein-
zelnes aus XIII—XVII, dann wieder zusammenhängend XVIII,
370 bis XXIII, 261; Herodotus III. IV, 85—88. 97. 98.
120—133; Lysiae Oratt. XVI. XX. XXIII. XXIV. XII; Xenophontis Memorabilia I, 1. 2 (Lehners). — Unter=Prima:
die in Stoll's Anthologie aufgenommenen Stücke von Callinus,
Tyrtaeus, Solon, Theognis, Sappho, Melinno, Simonides,
Anacreon und den Anacreonticis, Theocritus, Moschus mit
einigen Auslassungen; ferner Sophoclis Electra 1—1014, Thu-

*) Die Kürze dieses Schuljahres wegen der späten Lage von Ostern
1859 und verschiedene andere Störungen haben bewirkt, daß weniger
als in andern Jahren beschickt ist.

cydides VI. VII. VIII, 1—23*) (Ahrens). — Ober=Prima: Sophoclis Oedipus rex und Antigone, Demosthenis orationes Philippicae, Olynthicae und de pace, Thucydides VI, 1—44 (Kühner); VII.; VIII, 1—23 (mit I᭄ Ahrens).

Außerdem ist von den Schülern der obern Classe Privat= lectüre getrieben, aber ohne daß eine verleidende Controle der Lehrer stattgefunden hätte.

Den Elementar=Unterricht in den Tertien haben, nachdem ich selbst den Anfang gemacht hatte, nach einander die Herren Guthe, Ebeling (jetzt in Celle), Deichmann, Stisser, Müller er= theilt, möglichst in der Weise, daß derselbe Lehrer den Coetus durch beide Classen führte. In beiden Secunden hat Herr Conrector Lehners den gesammten griechischen Unterricht in Händen, nur daß ich bei dem Coetus, welcher in den Primen meiner Leitung zufallen wird (s. flg.), schon in II᭄ und dann in IIᵃ zwei wöchentliche Stunden zu übernehmen pflege. In den Primen habe ich mit Hrn. Rector Kühner den griechischen Unterricht so getheilt, daß jeder von beiden abwechselnd einen Coetus mit sämmtlichen 6 Lehrstunden durch beide Classen führt.

Was nun die Resultate dieser Einrichtungen betrifft, so will ich über die in den verschiedenen Classen erzielten nicht ins Einzelne eingehen und nur so viel bemerken, daß regelmäßig, wie dies theils die Censuren, theils die öffentlichen Prüfungen documentiert haben, den Leistungen im Griechischen unter denen in den übrigen Fächern ein sehr ehrenvoller Platz zugekommen ist. Mit den Leistungen anderer Schulen kann ich keine un= mittelbare Vergleichungen anstellen, und ein auf einzelne von anderen Gymnasien übergetretene Schüler begründetes Urtheil ist natürlich wenig zuverlässig; jedoch darf ich nicht verhelen, daß diejenigen Schüler, welche nach einer anderen Methode vor= bereitet in unsere obern Classen eingetreten sind, in denjenigen Classen, wohin sie nach ihrem Alter, ihrer Gesammtbildung und ihren Präcedentien gehörten, im Griechischen in der Regel einige

---

*) Eine längere Krankheit des Hrn. Rector Kühner, während wel= cher Iᵃ mit Iᵇ im Griechischen combiniert wurde, ist Veranlassung ge= wesen, daß die Electra nicht beendet und dagegen von Thucydides mehr als gewöhnlich gelesen ist.

Schwäche gezeigt haben, und zwar namentlich auch hinsichtlich der sicheren Kenntniß attischer Grammatik. Wenn unter andern Einwendungen gegen meine Methode auch behauptet ist, die nach ihr vorgebildeten Schüler würden später dem Attischen immer leicht Homerisches einmischen (was übrigens kein großes Unglück wäre), so zeigt unsere Erfahrung, daß dies gerade bei unsern eigenen Schülern nur sehr selten vorkommt, viel häufiger bei denjenigen, welche von Anfang an attische Formenlehre getrieben haben, und das ist auch gar nicht zu verwundern, weil jene frühzeitig gelernt haben, auf den Unterschied der Dialecte scharf zu achten.

Am wichtigsten ist das Endresultat, wie es sich bei dem Uebergange zur Universität und in der Maturitätsprüfung heraußstellt. Solche Schüler, welche von Anfang an den griechischen Unterricht nach meiner Methode genossen haben, sind seit Ostern 1856 zur Abiturienten = Prüfung gekommen, natürlich vermischt mit solchen, welche unsere Unter = Tertia nicht durchgemacht haben, anfangs auch solchen, welche dieselbe schon vor der Einführung meiner Methode absolviert hatten. Nach unserer Maturitätsprüfungs=Ordnung werden bekanntlich die normalen Leistungen, welche zu einem Zeugnisse der Reife vollkommen berechtigen, durch das Prädicat g u t (II^b) bezeichnet, die erheblich darüber hinausgehenden durch r e ch t g u t (II^a), dann s e h r g u t (I^b), endlich v o r z ü g l i ch (I^a). Es sind nun von der Maturitätsprüfungs=Commission den Abiturienten seit Ostern 1856 folgende Zeugnisse hinsichtlich ihrer griechischen Kenntnisse ertheilt, wobei ich die von Anfang an nach meiner Methode vorgebildeten durch H o m. bezeichnen werde; diejenigen, welche wenigstens in III^a den zweiten Theil meiner Formenlehre durchgearbeitet haben und dabei repetitorisch auch mit dem ersten bekannt geworden sind, durch *H o m., endlich alle übrigen durch A t t., ferner die durch Hrn. Rector Kühner zuletzt unterrichteten mit K., die von mir mit A.

1) 1856 O st e r n 10 Abit. K.

   1 s e h r g u t (Att.)

   6 r e ch t g u t (2 Hom., 4 Att.)

   3 g u t (Att.).

2) 1857 Ostern, 9 Abit. A.

1 sehr gut, im Sophocles vorzüglich ("Hom.),
2 recht gut (Hom.),
1 gut, in Grammatik recht gut (Hom.),
5 gut (2 Hom., 3 Att.).

3) 1857 Michaelis, 1 Abit. K.

1 recht gut (Hom.).

4) 1858 Ostern, 4 Abit. K.

1 sehr gut, im Sophocles vorzüglich (Hom.),
1 recht gut, im Sophocles vorzüglich (Att.),
1 gut, zum Theil recht gut (Hom.),
1 gut ("Hom.).

5) 1859 Ostern, 14 Abit. A.

1 vorzüglich (Hom.),
1 sehr gut ("Hom.),
9 recht gut (6 Hom., 3 Att.),
3 gut (Att.)

6) 1859 Michaelis, 1 Abit. K.

1 recht gut (Hom.).

Diese Urtheile sind von der Commission verordnungsmäßig auf Grund theils der von den Lehrern bezeugten Schulleistungen, theils der mündlichen Maturitätsprüfung gefällt. In der letzteren sind den Abiturienten regelmäßig (nur Ostern 1859 ausgenommen, s. folg.) Stellen aus Homer's Ilias und Xeno= phon's Memorabilien vorgelegt, welche wenigstens während der beiden letzten Jahre von ihnen in der Schule nicht gelesen wa= ren; außerdem ist einzelnen von ihnen auf ihren Wunsch Ge= legenheit gegeben, sich auch im Sophocles zu exhibieren.

Unter jenen Abiturienten sind 21 Hom. oder "Hom., welche nach Obigem folgende Zeugnisse erhalten haben:

1 vorzüglich,
3 sehr gut (2 zum Theil vorzüglich),
12 recht gut,
5 gut (2 zum Theil recht gut).

Unter den 5 letzten trägt bei dreien ohne Zweifel der Mangel an Fleiß, den sie in diesem wie in andern Fächern bewiesen haben, die Schuld, daß sie nicht bessere Prädicate erwarben. Von den beiden andern (zur Medicin bestimmt) erhob der eine sich nur in der lateinischen und griechischen Grammatik über den Standpunct gut, der andere allerdings im Lateinischen, Eng= lischen, Trigonometrie und Physik, während die Leistungen im Französischen noch etwas darunter blieben.

Specieller will ich auf die Prüfungen von Ostern und Michaelis 1859 eingehen, weil ich mich hier außer den Acten auch noch auf die lebendige Erinnerung der Commissionsmit= glieder berufen kann.

Bei der Prüfung vor Ostern 1859 war ich selbst der Exa= minator. Weil bemerkt war, daß die Abiturienten mit einiger Sicherheit auf die Vorlegung der Memorabilien zu rechnen und diese in specieller Rücksicht auf das Examen vorher durchzuar= beiten pflegten, so bestimmte ich für den prosaischen Theil der Prüfung mit Genehmigung des Königlichen Commissarius dies Mal ein ungelesenes Stück des Thucydides, und zwar kann in Folge der von den Geprüften selbst hinterher gemachten glaub= haftesten Aussagen ganz bestimmt versichert werden, daß sie keine Ahnung davon gehabt haben, es werde dieser Schriftsteller ge= nommen werden, viel weniger natürlich noch, welche Stelle, und daß auch keiner derselben etwa zufällig dieses Stück früher pri= vatim gelesen hat. Es wurde vorgelegt L. 7 c. 72—80 §. 1, welcher Abschnitt in 1 St. 50 M. absolviert wurde. Für die Leistungen dabei wurden in der unmittelbar nachfolgenden Be= rathung folgende Prädicate zuerkannt:

1 vorzüglich (Hom.),
2 sehr gut (1 *Hom., 1 Att.),
9 recht gut (6 Hom., 3 Att.),
2 gut (Att.).

Daß diese Urtheile nicht zu hoch gegriffen waren, wird für den Kundigen wohl genügend aus den folgenden Stellen des Pro= tokolls erhellen. Ueber den mit I* censierten, welcher die Rede des Nikias c. 77 bis zu den Worten καὶ ὁρῶντες ὑμᾶς αὐτοὺς übersetzte, ist bemerkt: „ἐπίφθονοι — angestoßen; ἠπιώτερα — nicht gleich genau. Sicher und geläufig." Ferner über den ersten mit II* censierten (Hom.), welcher c. 73 §. 1. 2 übersetzte, heißt es: „ἐφηγεῖται — Vocabel unbekannt; bei βουλήσεται wird anfangs die Construction verändert; δοκεῖν ἄν, Construc=

tion nicht gleich richtig aufgefaßt; καὶ πάντα μᾶλλον etc., angestoßen, mit Nachhülfe gefunden."

Weil ferner sechs der Abituren gebeten hatten, sich im Sophocles exhibieren zu dürfen, so wurde diesen aus den in der Schule nicht gelesenen Tragödien (hier waren 3 Stücke gelesen), welche sie aber privatim durchgemacht hatten, etwas vorgelegt, nämlich vieren von ihnen Electr. 871—919 und zweien die lyrische Stelle vs. 121—172. Die Censuren der Commission waren:

· 1 vorzüglich (Hom.),
2 sehr gut (1 Hom., 1 *Hom.),
3 recht gut (Hom.).

Hier sagt das Protokoll von dem mit Iᵃ censierten: „Die Uebersetzung ist fließend, gut gewählt der Ausdruck, das Verständniß sicher," (ich füge ergänzend hinzu, auch das Lesen der melischen Rhythmen brav); daneben die Notizen: „τάξεις — im Ganzen richtig verstanden, sch melzen transitiv, mit Einhülfe läßt du ertönen; erklärt das μὴ οὐ richtig grammatisch; verwechselt λιμήν mit λίμνη (NB. für einen Augenblick); ἐν οἷς anfangs unrichtig, dann auf δυσφόρων richtig bezogen; erklärt λίμνη richtig vom Acherusischen See." Ueber den ersten mit IIᵃ censierten, welcher vs. 871—886 übersetzte, lautet das Protokoll: „διώκομαι, verfolge ich dich, dann werde getrieben; κόσμιον durch Schmuck, dann das geziemende; ἴασιν mit ἴσασιν verwechselt, verbessert sich rasch, Heilung; ὡς παρόντα, richtig die Bedeutung von ὡς mit dem Particip (die subjective Meinung ausdrückend) verstanden. Sonst richtig, rasch, fließend."

Endlich wurde noch eine Stelle aus der Ilias vorgelegt, welche von den Examinanden wenigstens während der letzten zwei Jahre nicht in der Schule gelesen war; wahrscheinlich aber haben alle die Ilias fleißig privatim gelesen. Es wurde IX, 182—384 genommen und hinterher von der Commission folgende Urtheile gefällt:

1 vorzüglich (Hom.),
3 sehr gut (2 Hom., 1 *Hom.),
8 recht gut (4 Hom., 4 Att.),
2 gut (Att.).

Hier sagt das Protokoll von dem mit Iᵃ censierten (vs. 340—350):

„ohne Anstoß richtig, fließend"; von dem ersten mit II^a cen=
sierten unter den Hom. (vs. 318—327): „Übersieht die Verbin=
dung von περίκειται und πολεμίζειν und construiert es erst mit
παραβαλλόμενος; δάρων erst unrichtig Schätze, dann von den
richtigen Schätzen, d. i. Weibern (Heiterkeit)." Die Prüfung
im Sophocles und Homer dauerte zusammen nur 1 St. 35 M.
Uebrigens bemerke ich noch, daß die Examinanden bei der gan=
zen Prüfung nur reine Texte aus der Bibliothek der Commis=
sion in Händen hatten.

Die in die Zeugnisse aufgenommenen Gesammturtheile sind
schon oben bemerkt. Gewiß wird Niemand sie zu hoch finden;
eher darf man glauben, daß manche derselben nach den Examen=
Leistungen noch günstiger hätten lauten dürfen. Unter den acht
Abiturienten, welche ganz oder theilweise den Elementarunterricht
nach meiner Methode genossen haben, hat keiner eine geringere
Censur als recht gut erhalten; und zwar haben zwei derselben
sich nur in diesem einen Fache über das Normalprädicat gut
erhoben; der eine von diesen, ein künftiger Mediciner, war für
die Examenleistungen im Homer sogar mit I^b censiert. Zwei
andere, mit II^a beurtheilt, (der eine bei der Prüfung im So=
phokles, an welcher beide Antheil nahmen, mit I^b) haben den
gesammten griechischen Cursus des Lyceums in der ungemein
kurzen Zeit von vier Jahren durchgemacht, nachdem sie in schon
reiferem Alter von 17 Jahren aus der höheren Bürgerschule
ohne alle griechischen Vorkenntnisse und mit geringen Kennt=
nissen im Lateinischen übergetreten waren.

Vor Michaelis 1859 wurde ein einziger Abiturient geprüft,
welchem aus besonderen Gründen ein halbes Jahr das Bienniums
erlassen war; derselbe hatte bei rühmlichsten Fleiße für die fremden
Sprachen immer weniger Begabung gezeigt und in diesen zu
den schwächeren seines Coetus gehört. Im Griechischen (Exa=
minator Hr. Rector Kühner) wurde demselben vorgelegt Hom.
Il. III., 21—39, welche Stelle er mit einigen Irrthümern, aber
sonst recht fließend übersetzte, dann Xenoph. Mem. II. c. 5. mit
Ueberschlagung einer Stelle; hier zeigte der Examinand ein
rasches Verständniß und übersetzte recht fließend. Für beide
Leistungen gab die Commission die Censur II^a; die Prüfung
hatte zusammen 15 Min. erfordert.

Die sehr befriedigenden Leistungen dieser Abiturienten wer=
den ohne Zweifel zum großen Theile dem gediegenen von Hr.
Conrector Lehners in den Secunden ertheilten Unterrichte ver=
dankt, und der in den Primen von Hr. Rector Kühner und
mir gegebene wird natürlich einen anderen Theil des Verdienstes
in Anspruch nehmen dürfen. Es ist aber durch die vorgelegten
Facta evident, daß der in den Secunden und Primen ertheilte
griechische Unterricht durch die in unseren Tertien gegebene
eigenthümliche Vorbildung nicht beeinträchtigt, sondern im Ge=
gentheile wesentlich gefördert ist. Mancher wird vielleicht, um
das Verdienst dieser Methode des Elementarunterrichtes geringer
anschlagen zu dürfen, anderen unserer Einrichtungen einen be=
sonderen Werth beilegen, namentlich dem Umstande, daß die
sämmtlichen griechischen Klassen einen einjährigen Cursus haben
verbunden mit jährlichen Versetzungen. Allerdings ist der Nutzen
dieser Einrichtung in den Tertien unverkennbar, da es bei dem
Elementarunterrichte sehr schwierig ist zwei verschiedene Coetus,
einen noch ganz rohen und einen schon vorgerückteren, in den=
selben Lectionen zu vereinigen. Dagegen in Secunda und Prima
ist es mir sehr zweifelhaft, ob die Theilung in je zwei jährige
Klassen (insofern sie nicht durch die Zahl der Schüler bedingt ist)
mit ihren Nachtheilen den Vortheilen nicht mindestens die Wage
hält. Es fehlt nämlich bei dieser Einrichtung der rege Wett=
eifer, welcher zwischen dem älteren und jüngeren Coetus einer
zweijährigen Klasse zu herrschen pflegt, indem die neuen Schüler
es den älteren möglichst gleichzuthun suchen, und diese anderseits
von den jüngeren Commilitonen sich nicht überflügeln lassen
wollen. Bei den einjährigen Cursen üben die nicht versetzten
Schüler, weil sie die unfähigeren und trägeren zu sein pflegen,
auf die neue Generation in der Regel nur einen nachtheiligen
Einfluß. Am unangenehmsten treten die Mängel der einjährigen
Klassencurse hervor, wenn zufällig in einem Coetus, wie das
besonders bei kleineren Klassen vorkommen kann, die trägeren
Elemente entschieden vorherschen und nun jahrelang im wesent=
lichen dieselben Schüler unter sich zusammenbleiben; es ist da
unvermeidlich, daß auch die besseren allmählich erschlaffen, weil
sie auch ohne Anstrengung sich in ihrem Kreise hervorragend
wissen.

Mag aber auch der Erfolg unseres griechischen Elementarunterrichtes durch anderweitige Einrichtungen unterstützt werden,
so ist auf der andern Seite ein Umstand der vollen Entwickelung
seines Nutzens ohne Zweifel hinderlich. Daß nämlich die in
Secunda und Prima gebrauchten grammatischen Schulbücher,
wie trefflich auch an sich, und die schon von Tertia an benutzten
lapikalischen Hülfsmittel mit der Anordnung und Terminologie
meiner Formenlehre nicht zusammenstimmen, dürfte Manchem
ein unheilbarer Schaden zu sein scheinen. So schlimm ist es
nun freilich nicht, wie der Erfolg genügend gezeigt hat; aber
ohne Zweifel würde die Wirksamkeit unseres Elementarunterrichtes
noch bedeutender erscheinen, wenn der gesammte nachfolgende
Unterricht und alle Hülfsmittel desselben in inniger Harmonie
mit ihm ständen.

Indeß sicherlich kann man auch mit demjenigen zufrieden
sein, was unter den gegenwärtigen Umständen erzielt ist. Die
in den Maturitätsprüfungen von 1859 von den durch den ho=
merischen Elementarunterricht vorgebildeten Schülern dargelegten
griechischen Kenntnisse sind von drei derselben in dem regel=
mäßigen Cursus von 6 Jahren erworben, von einem in 7
Jahren, einem in 5½ Jahren, einem in 5¼ Jahren, von
zweien in 4 Jahren; der neunte, welcher mit mäßiger Vorbe=
reitung in III^a eintrat, hat von da an noch 5 Jahre gebraucht.
Sie haben während dieser Zeit je 6 wöchentliche Lectionen
gehabt und nur einen mäßigen Theil ihres häuslichen Fleißes
auf das Griechische verwandt, wie nicht allein daraus zu er=
kennen ist, daß dieselben auch in den übrigen Fächern fast durch=
gehends einen rühmlichen Fleiß bewährt haben (in dem hete=
rogensten, der Mathematik, haben in dem Maturitätszeugniß
einer von ihnen das Prädicat vorzüglich, vier sehr gut,
einer recht gut, einer gut, aber in der Arithmetik recht gut,
zwei gut), sondern auch daraus, daß die meisten derselben noch
einen erheblichen Theil ihrer Zeit verwandt haben um Privat=
unterricht zu ertheilen und doch unverkennbar mit kräftiger Ge=
sundheit zur Universität übergegangen sind. Ich glaube zweifeln
zu dürfen, ob da, wo die gewöhnliche Methode des griechischen
Elementarunterrichtes herrscht, bei gleich geringem Aufwande von
Zeit eben so günstige Endresultate erreicht werden, wenn nicht

etwa durch Lehrer von ungewöhnlicher Begabung, mit denen sich unsere Kräfte nicht messen können.

Das Vorurtheil, welches früher von einigen gehegt wurde, als erfordere gerade der griechische Elementarunterricht nach meiner Methode Lehrer von ganz eigenthümlicher Qualification und Vorbereitung, ist durch die Erfahrung an unserem Lyceum vollständig widerlegt. Hier haben denselben nach mir fünf Lehrer in Händen gehabt, alle achtungswerth, aber von sehr verschieden= artigen, ja zum Theil entgegengesetzten Naturen: alle haben sich erst in die Besonderheit meiner Methode hineinarbeiten müssen, und dabei haben alle gleich bei dem ersten Versuche mit der= selben befriedigendes geleistet. Ich kann hiernach mit Zuversicht behaupten, daß jeder Lehrer, der überhaupt berufen ist in der Tertia das Griechische zu lehren, auch befähigt ist dabei meine Methode mit vollem Nutzen zu handhaben.

Man hat ferner gemeint, dieses Verfahren werde sich nur für sehr schwache Klassen eignen. Auch dem widerspricht unsere Erfahrung. Die Unter=Tertia (früher Ober=Quarta genannt) hat in den verschiedenen Jahren nach Ostern folgende Zahl von griechischen Schülern gehabt: 1850 20 Sch., 1851 20 Sch., 1852 21 Sch., 1853 20 Sch., 1854 29 Sch., 1855 36 Sch., 1856 26 Sch., 1857 24 Sch., 1858 26 Sch., 1859 36 Sch. Daß aber auch der zahlreichste Coetus von 36 Sch. im Jahre 1855 vollkommen befriedigend vorbereitet ist, kann ich um so zuverlässiger bezeugen, da ich von Unter=Secunda an die daher stammenden Schüler (jetzt in Unter=Prima) selbst unterrichtet habe.

Die obige Darstellung trägt, wenn ich nicht irre, hinsichtlich der dargelegten Facta in sich den Stempel der Wahrhaftigkeit, und bei denen, die mich kennen, wird hoffentlich auch nicht der geringste Zweifel herrschen können, daß alle Angaben mit stren ger Gewissenhaftigkeit gemacht sind; die Folgerungen, welche ich aus jenen Thatsachen zu Gunsten meiner Methode gezogen habe, scheinen mir unabweisbar zu sein. Jedoch habe ich es noch ge= eignet gehalten die obige Darstellung den hochgeehrten technischen Mitgliedern des Königlichen Oberschulcollegiums vorzulegen und um ein Urtheil zu bitten. Diese haben die Freundlichkeit gehabt mir die Veröffentlichung des nachfolgenden Zeugnisses zu gestatten:

Die Unterzeichneten haben vielfache Gelegenheit gehabt, theils bei den Classenprüfungen, theils bei den Maturitätsprü= fungen, der Schulrath Schmalfuß zugleich als Königlicher Com= missarius bei letzteren, die erfreulichste Bestätigung der Erfolge wahrzunehmen, welche nach der vorstehenden Darlegung des Herrn Directors Ahrens im griechischen Sprachunterrichte bei dem hiesigen Lyceum seit zehn Jahren erzielt worden sind. Sie können um so eingehender darüber urtheilen, als beide an den eignen Söhnen und Großsöhnen, welche theils bis nach Prima, theils bis zum Eintritt' in Obersecunda vorgerückt sind, noch genauere Beobachtungen zu machen im stande waren.

Hannover, 12. März 1860.

F. Kohlrausch,
General - Schuldirektor.

C. Schmalfuß,
Schulrath.

Nachtrag.

Nachdem die diesmalige Maturitätsprüfung noch vor Be= endigung des Druckes abgehalten ist, theile ich auch ihre Re= sultate im Griechischen kurz mit. Es wurden 7 Abiturienten (K.) geprüft; ein achter fehlte wegen Krankheit bei dem münd= lichen Examen. Für einen von jenen wurde dieses aus drin= genden Gründen abgesondert angestellt. Im Thucydides (I, 134 und III, 52—54, noch nicht gelesen) lauteten die Urtheile der Commission:

2 sehr gut (Hom.),
5 recht gut (2 Hom., 2 *Hom., 1 Att.),

Im Homer (XX, 75—96 und VI, 390—465) wurde censirt:
4 sehr gut (2 Hom., 2 *Hom.),
2 recht gut (2 Hom.),
1 gut (Att.).

Die schließlichen Urtheile waren:
1 sehr gut (Hom.),
5 recht gut (3 Hom., 2 *Hom.),
1 gut (Att.)

Schulnachrichten.

I. Lehrer.

Der Kreis des Lehrer-Collegiums hat im Laufe des letzten Jahres keine Veränderung erlitten. Dasselbe umfaßt gegenwärtig folgende Lehrer:

1) Director Dr. Heinrich Ludolf Ahrens.
2) Rector Dr. Raphael Kühner.
3) Conrector Justus Friedrich August Lehners.
4) Oberlehrer Dr. Johann Gilges Bruns.
5) „ Dr. Wilhelm Wiedasch.
6) „ Dr. Ernst Deichmann.
7) „ Dr. Hermann Guthe.
8) „ Dr. Gustav Hermann Stisser.
9) „ Dr. Adolf Fehler.
10) Collaborator Dr. Albert Müller.
11) „ Ludwig Christian Mejer.
12) Lehrer Johann Georg Heinrich Schulze.

Nebenlehrer.

13) Heinrich Enckhausen, Gesanglehrer.
14) Wilhelm Kretschmer, Zeichenlehrer.
15) Johann Heinrich Hinrichs ⎰ für Schreib- und Rechnen-
16) Heinrich Ahrbeck ⎱ Unterricht.
17) Franz Wilhelm Metz, Turnlehrer.

Durch eine nothwendige Badereise des Oberlehr. Dr. Deichmann, für welche die dreiwöchigen Sommerferien nicht ausreichten, und durch eine längere Krankheit des Rectors Dr. Kühner

3

nach Neujahr sind unvermeidliche Störungen des Unterrichtes eingetreten, jedoch durch die Sublevation der Collegen möglichst unschädlich gemacht.

Herr Lehrer Schulze, welcher vermöge einer gediegenen Schulbildung und gründlicher Privatstudien schon immer für solchen Unterricht verwendet werden konnte, der an einem Gymnasium eigentlich studierten Lehrern zukommt (namentlich ist von ihm der lateinische Unterricht in Serta und der französische in Quarta und Unter-Tertia in befriedigendster Weise ertheilt), hat kürzlich in einer vor dem Königlichen Oberschulcollegium mit ihm angestellten Prüfung so gründliche Kenntnisse im Französischen und Englischen nachgewiesen, daß dieselben auch für den Unterricht in noch höheren Gymnasialclassen vollkommen genügen. Es verdient die ehrendste Anerkennung, wenn ein Lehrer nach mehr als 18 Dienstjahren unter manchen niederdrückenden Verhältnissen so viel Strebsamkeit bewahrt hat.

Für das nächste Schuljahr ist von hochlöblichem Magistrate dem Candidaten des höheren Schulamtes Sander aus Elze gestattet, sein Probejahr am Lyceum abzuhalten, und ist demselben eine Anzahl von Lectionen in der Quinta und Serta überwiesen.

II. Schüler.

Die Zahl der Schüler in dem ganzen Lyceum und in den einzelnen Classen hat im Jahre 1859 folgende Bewegung erlitten*):

	VI	V	IV	III^b	III^a	II^b	II^a	I	Summa
Bestand zu Neujahr 1859 . . .	48(3)	45(3)	44(4)	32(10)	23(4)	17(3)	16(5)	23(13)	248 (47)
Abgang bis Ostern . . .	3	3	3	4	1	1	2	14	31
Also Rest .	45	42	41	28	22	16	14	9	217
oder nach der Versetzung	7	45	42	39	28	19	16	23	217
Zugang zu Ostern . . .	36	3	5	3	4	2	1	1	55
Also Bestand n. Ostern 1859	43	48	47	42	30	21	17	24	272
Zugang bis Neujahr . .	5	4	3	2	—	—	1	1	16
Abgang bis Neujahr . .	1	3	3	3	3	3	—	2	18
Also Bestand n. Neujahr 1860	47(4)	49(3)	47(8)	41(8)	27(7)	18(4)	18(7)	23(8)	270 (49)

*) Die in Klammern eingeschlossenen Zahlen beziehen sich auf die auswärtigen Schüler.

Es ist also auch in diesem Jahre die Schülerzahl wieder erheblich gestiegen, und die unteren Classen sind nunmehr so gefüllt, daß hier auch den dringendsten Wünschen nach Aufnahme oft nicht wird genügt werden können.

Das Durchschnittsalter der Schüler in den einzelnen Classen stellte sich folgendermaßen heraus:

	VI	V	IV	III^b	III^a	II^b	II^a	I^b	I^a
N. Neujahr 1858	$10^9/_{12}$	$11^9/_{12}$	$13^9/_{12}$	$14^9/_{12}$	$15^9/_{12}$	$16^9/_{12}$	$17^9/_{12}$	$18^9/_{12}$	$18^9/_{11}$
N. Neujahr 1859	$10^9/_{12}$	$11^{12}/_{12}$	$13^2/_{12}$	$14^9/_{12}$	$15^7/_{12}$	$16^5/_{12}$	$17^9/_{12}$	$18^9/_{12}$	$19^4/_{12}$
N. Neujahr 1860	$10^9/_{12}$	$11^7/_{12}$	13	$14^9/_{12}$	$15^9/_{12}$	$16^9/_{12}$	$17^5/_{12}$	$18/'_{12}$	$19^4/_{12}$

Unter den abgegangenen Schülern verließen das Ly=
ceum:

A. mit dem Zeugnisse der Reife für die Universitätsstudien:

1) Willliam Grünewald aus Hannover, Sohn des
verst. Reitlehrers, 17¾ Jahre alt, 5¼ Jahre auf dem Lyceum,
um Philologie zu studieren.

2) Karl Klatte aus Diepholz, Sohn des Fabrikanten,
18¾ Jahre alt, 5 Jahre Schüler des Lyceums, um sich dem
Studium der Theologie zu widmen.

3) August Glene aus Neustadt a. R., Sohn des Schul=
lehrers, 21½ Jahre alt, 4 Jahre auf dem Lyceum, um Mathe=
matik und Naturwissenschaften zu studieren.

4) Friedrich Bartels aus Rethmar, Sohn des Schul=
lehrers, 21 Jahre alt, 4 Jahre auf dem Lyceum, zur Theologie
bestimmt.

5) Otto Pasch aus Bergen a. d. D., Sohn des Kauf=
manns, 19 Jahre alt, 2 Jahre Schüler des Lyceums, um sich
der Jurisprudenz zu widmen.

6) Wilhelm Höpfner aus Linden, Sohn des Cantors,
21 Jahre alt, 8 Jahre auf dem Lyceum, zum Studium der
Theologie entschlossen.

7) Adolf Höpfner, Bruder des vorigen, 19¼ Jahre
alt, 8 Jahre auf dem Lyceum, für Theologie bestimmt.

8) Karl Ebmeier aus Stolzenau, Sohn des Domai=
nenpächters, 20¼ Jahre alt, 2 Jahre auf dem Lyceum, wird
Jurisprudenz studieren.

9) David Erythropel aus Isernhagen, Sohn des Pre=
digers, 4 Jahre Schüler des Lyceums, zum Studium der Theo=
logie bestimmt.

10) Wilhelm Flügge aus Altenhagen, Sohn des Can=
tors, 23 Jahre alt, 2 Jahre Schüler des Lyceums, um Theo=
logie zu studieren.

11) Adolf Schönecke aus Springe, Sohn des Cantors,
19¾ Jahre alt, 6 Jahre auf dem Lyceum, für Theologie be=
stimmt.

12) Gustav Nagel aus Hannover, Sohn des Hof=Mu=
sikalienhändlers, 19¾ Jahre alt, 7 Jahre auf dem Lyceum,
um sich der Medicin zu widmen.

10) Otto Döfel aus Echte, Sohn des Predigers, 18 J. alt, 3 Jahre Schüler des Lyceums, zum Studium der Theologie.

14) August Göschen aus Harburg, Sohn des General=Superintendenten, 19½ Jahre alt, 4 Jahre Schüler des Lyceums, um Theologie zu studieren.

B. Ferner zu Michaelis:

15) Heinrich Gellermann aus Grünewald bei Celle, Sohn des verst. Gastwirthes, 20½ Jahre alt, 5½ J. auf dem Lyceum, zur Theologie bestimmt.

Zu anderen Bestimmungen giengen aus den oberen Classen folgende Schüler ab:

Aus Unter=Prima (Mich.): 16) Philipp Lehzen aus Hannover zur polytechnischen Schule.

Aus Ober=Secunda (Ost.): 17) Albert Frank aus Linden zur polytechnischen Schule; 18) August Tubbe aus Hannover zum Postfache.

Aus Unter=Secunda (Ost.): 19) Ernst Jahns aus Hannover zur Pharmacie; (Mich.): 20) Otto Wolfenhaar aus Hannover zur Pharmacie; 21) Carl Ludewig aus Hannover zur Oeconomie; 22) Otto Kohlrausch aus Erlangen zur polytechnischen Schule.

Unter den 27 aus den mittleren und unteren Classen abgegangenen Schülern giengen 4 direct ins bürgerliche Leben über (1 zum Buchhandel, 1 zur Kaufmannschaft, 2 ins Schreib=fach), 2 zur Cadettenanstalt, 13 auf andere öffentliche oder Pri=vatschulen, (darunter 3 auf die h. Bürgerschule, 1 auf die Mit=telschule), 8 unbestimmt.

III. Unterricht.

Der Unterricht hat in dem verflossenen Schuljahre seinen gewohnten, zuletzt im Programm von 1858 dargelegten Gang eingehalten, und auch in dem bevorstehenden wird nur hinsicht=lich der Vertheilung unter die Lehrer einige Veränderung ein=treten. Wie die Lehrstunden auf die verschiedenen Fächer in

den einzelnen Classen vertheilt sind, ergiebt sich aus der folgen=
den Uebersicht:

	Iᵃ	Iᵇ	IIᵃ	IIᵇ	IIIᵃ	IIIᵇ	IV	V	VI	Summa der Lehrstunden.
Religion	2		2	2	2	2	3	3		18
Deutsch	3		3	3	3	3	4	5	6	29
Lateinisch	2	2	9	9	9	9	9	10	9	75
Griechisch	6	6	6	6	6	6	—	—	—	36
1) Französisch	2		2	2	3	3	4	—	—	16
Englisch	2		2	2	—	—	—	—	—	6
Geschichte	3		3	3	2	2	2	2) }		17
2) Geographie								} 3		3
Naturwissenschaft	2		2	2	1	3(4)	3	3	4) }	13(14)
									2	9
3) Mathematik u. Rechnen .	3		3	3	4	4(3)	4	4	4	33
Schönschreiben	—		—	—	—	—	—	2	2	4	8
Zeichnen	—		—	—	—	—	2	2	2	6
Summa	13	19	13	32	32	32	32	32	32	

Extra-Lectionen.

Hebräisch für künftige Theologen u. Philologen in I u. IIᵃ in 2 Abth.	4
Zeichnen für freiwillige Schüler aus I—IIIᵇ in 2 Abth.	4
Singen für die nicht dispensirten Schüler in 5 Abth.	6
Summa	285

Anmerkungen.

1) In I. IIᵃ. IIᵇ. kann die für das Französische und Englische aus-
gesetzte Zeit nach dem Ermessen des Lehrers auch anders vertheilt werden,
so daß er z. B. sämmtliche 4 Stunden successiv auf beide Sprachen
verwendet.

2) Der geographische Unterricht ist in Serta so mit dem geschicht-
lichen verbunden, daß die 3 Lehrstunden successiv für beide Zwecke verwandt werden. In V. IV. IIIᵇ. IIIᵃ. steht er in einem ähnlichen Ver-
hältnisse zu dem naturgeschichtlichen Unterrichte, und wird hier in der
Regel semesterweise gewechselt. In IIIᵃ werden im Sommer für Naturgeschichte 3 St., im Winter für Geographie 4 St. verwandt.

3) In VI. V. IV. ist nur Rechnen, in IIIᵇ 2 St. Rechnen, 2 St.
geometrische Vorübungen; in IIIᵃ, wo der eigentliche mathematische Unterricht beginnt, sind im Sommer 4 St. für denselben bestimmt, im
Winter 3 St. Die von IIᵇ aufwärts für Physik und Mathematik an-
gesetzten Stunden dürfen von dem Lehrer auch in anderer Vertheilung,
z. B. successiv, benutzt werden.

Die Vertheilung unter die Lehrer, wie sie im Schuljahre 18⁶⁰/₆₁ stattfinden wird, erhellt aus folgendem:

Ober-Prima (Ordinarius Ahrens): Religion 2 St. Fehler; Deutsch 3 St. Wiebasch; Lateinisch 9 St., nämlich 4 Exposition Ahrens, 2 Expos., 1 Extempor. und 2 Composition Kühner; Griechisch 6 St. Ahrens; Französisch und Englisch 4 St. Fehler; Geschichte 3 St. Wiebasch; Mathematik und Physik 5 St. Bruns.

Unter-Prima (Ord. Kühner): Religion 2 St. und Deutsch 3 St. mit Iᵃ; Lateinisch 9 St., nämlich 6 Exp. und 1 Extemp. mit Iᵃ, 2 Compos. Kühner; Griechisch 6 St. Kühner; Franz. und Engl. 4 St. und Geschichte 3 St. mit Iᵃ; Mathematik und Physik 5 St. Bruns.

Ober-Secunda (Ord. Lehners): Religion 2 St. Fehler; Deutsch 3 St. Lehners; Lateinisch 9 St., nämlich 6 St. Grammatik und Exposition Lehners, 3 Exp. Kühner; Griechisch 6 St., nämlich 4 Exp. und Gramm. Lehners, 2 Exp. Ahrens; Französisch und Englisch 4 St. Fehler; Geschichte 3 St. Deichmann; Mathematik und Physik 5 St. Bruns.

Unter-Secunda (Ord. Wiebasch): Religion 2 St. Fehler; Deutsch 3 St. Wiebasch; Lateinisch 9 St., nämlich 7 Gramm. und Exp. Wiebasch, 2 Exp. Deichmann; Griechisch 6 St., nämlich 4 Gramm. und Exp. Lehners, 2 Exp. Stißer; Französisch und Englisch 4 St. Fehler; Mathematik und Physik 5 St. Bruns.

Ober-Tertia (Ord. Deichmann): Religion 2 St. Deichmann; Deutsch 3 St. Deichmann; Lateinisch 9 St. Deichmann; Griechisch 6 St. Müller; Französisch 3 St. Deichmann; Geschichte 2 St. Guthe; Geographie 4 St. im Winter und Naturgeschichte 3 St. im Sommer Guthe; Mathematik 4 St. im Sommer und 3 St. im Winter Guthe.

Unter-Tertia (Ord. Stißer): Religion 2 St. Stißer; Deutsch 3 St. Stißer; Lateinisch 9 St. Stißer; Griechisch 6 St. Stißer; Französisch 3 St. Schulze; Geschichte 2 St. Stißer: Geographie und Naturgeschichte

3 St. Guthe; Rechnen und geometrische Vorübungen
4 St. Guthe.

Quarta (Ord. Müller): Religion 2 St. Müller; Deutsch
4 St. Müller; Lateinisch 9 St. Müller; Französisch 4
St. Schulze; Geschichte 2 St. Müller; Geographie und
Naturgeschichte 3 St. Guthe; Rechnen 4 St. Mejer;
Schönschreiben 2 St. Hinrichs; Zeichnen 2 St. Kretschmer.

Quinta (Ord. Mejer): Religion 3 St. Mejer; Deutsch
5 St., nämlich 3 St. Mejer und 2 St. Sander; Lateinisch
10 St., nämlich 6 St. Mejer und 4 St. Sander; Geschichte
2 St. Mejer; Geographie und Naturgeschichte 3 St.
Guthe; Rechnen 4 St. Mejer; Schönschreiben 2 St.
Ahrbeck; Zeichnen 2 St. Kretschmer.

Sexta (Ord. Schulze): Religion 3 Stunden Schulze;
Deutsch 5 St., nämlich 3 St. Schulze und 2 St. Sander;
Lateinisch 9 St. Schulze; Geschichte und Geographie
3 St. Sander; Naturgeschichte 2 St. Mejer; Rechnen
4 St. Hinrichs; Schönschreiben 4 St. Ahrbeck; Zeichnen
2 St. Kretschmer.

Extra-Lextionen: Hebräisch für die künftigen Theologen
und Philologen in I. II^a in zwei Abtheilungen 4 St. Fehler;
Zeichnen für freiwillige Schüler aus I—III^b in zwei Abthei=
lungen 4 St. Kretschmer; Singen für die nichtdispensierten
Schüler in fünf Abtheilungen 8 St. Enckhausen.

4. Schulfeierlichkeiten.

Bei der öffentlichen Prüfung der untern Klassen
am 15. und 16. April hatte das Lyceum wieder die hohe Ehre,
daß Se. Königliche Hoheit der Kronprinz, begleitet von
Seinem Gouverneur Hrn. Oberstlieutenant von Issendorff und
Seinem Hofmeister Hr. Pabst längere Zeit mit Interesse Antheil
nahm; auch der übrige zahlreiche Besuch war sehr erfreulich.
Desto stiller war es bei der öffentlichen Prüfung der obern
Klassen am 19. 20. December.

Die öffentliche feierliche Abiturienten=Entlassung fand
am 6. April in der gewohnten Weise statt; die Schulfeier am
Geburtstage Sr. Majestät des Königs war im vergangenen
Jahre nach dem bestehenden Turnus der höheren Bürgerschule

zugefallen. Dagegen bot die hundertjährige Feier des Schiller'schen Geburtstages die Veranlassung zu einem außerordentlichen Schulactus, der sich eines ungemein zahlreichen Publikums erfreute, so daß die weiten Räume der Aula den Zudrang kaum fassen konnten. Es scheint der Mühe werth das Programm dieses Actus durch eine Wiederholung an dieser Stelle sicherer aufzubewahren.

Schulfeier des Lyceums

an

Schiller's hundertjährigem Geburtstage

den 10. November 1859
9 Uhr Vorm. in der Aula.

Gesang: „Lied an die Freude."

Rede des Oberlehrers Dr. Wiedasch: „Wodurch ist Schiller der Lieblingsdichter der deutschen Nation geworden?"

Declamation des Unterprimaners Karl Mummenthey: „Monolog aus Wallenstein's Tod."

Declamation der Obersecundaner Friedrich Kolbe und Ernst v. Bothmer: „Dialog aus Wilhelm Tell, zwischen Attinghausen und Rudenz."

Gesang: „Schützenlied und der Alpenjäger aus Wilhelm Tell."

Declamation des Untersecundaners Ludwig Haspelmath: „Die Macht des Gesanges."

Declamation des Obertertianers Adolf Grote: „Kassandra."

Rede des Oberprimaners Bernh. Baurschmidt: „Schiller's Ansicht von dem erhabenen Berufe des Dichters und der Kunst."

Declamation des Untertertianers Ferdinand Schlüter: „Graf von Habsburg."

Declamation des Quartaners Eduard Hantelmann: „Gang nach dem Eisenhammer."

Declamation des Quintaners Gustav Harling: „Theilung der Erde."

Gesang: „Reiterlied aus Wallensteins Lager."

Außerdem betheiligte sich das Lehrercollegium mit den Schülern der obern und mittleren Klassen auch an dem glänzenden Fackelzuge, welcher in der hiesigen allgemeinen Schillerfeier eine hervorragende Rolle spielte.

Das jährliche Concert der Schüler des Lyceums fand am 2. März statt, auch dieses Mal vor einem sehr zahlreichen Publikum, so daß der Armenkasse ein Ueberschuß von mehr als 70 Thlr. zugestellt werden konnte.

Anhang.

Verzeichniß der physikalischen Apparate des Lyceums zu Hannover.

Eine Wage mit Stativ, zugleich zu hydrostatischen Wägungen eingerichtet.

Ein Grammgewicht von Messing nebst verschiedenen andern Gewichten.

Elf Kugeln von Elfenbein.

Drei Kugeln von Messing.

Zwei Paar Abhäsionsplatten.

Glasröhren von verschiedenen Durchmessern.

Einige Retorten, Flaschen und Gläser.

Eine Spirituslampe von Glas.

Atwood's Fallmaschine nebst Secundenpendel.

Schiefe Ebene mit Wagen und Gewichten.

Eine Diagonalmaschine.

Hebelapparat mit Gewichten.

Apparat mit Rollen von verschiedenem Durchmesser.

Ein Flaschenzug nebst verschiedenen Rollen.

Ein Diopter-Lineal.

Ein Astrolabium.

Eine Meßkette.

Ein Heber-Barometer.

Ein Aneroid-Barometer.

Eine Ventil-Luftpumpe mit zwei Stiefeln.

Magdeburger Halbkugeln.

Ein Ring von Metall zum Sprengen einer Blase.

Fallröhre mit der Vorrichtung, die Electricität im luftverdünnten Raume zu zeigen.

Apparat zu Schallversuchen im luftverdünnten Raume.

Barometerprobe.

Vier Recipienten und einige kleinere Apparate zu Versuchen
mit der Luftpumpe.

Eine Glaskugel zur Bestimmung des Gewichts einer be-
stimmten Luftmenge.

Eine Compressionspumpe.

Ein Heronsball.

Ein Heronsbrunnen.

Verschiedene Heber von Glas.

Ein anatomischer Heber.

Ein Modell einer Pumpe.

Ein Modell einer Feuerspritze.

Eine Sirene mit Zählwerk und Blasebalg.

Ein Monochord.

Zwei Violinbogen.

Eine Schraubzwinge von Holz nebst verschiedenen Glas-
scheiben zu den Chladnischen Klangfiguren.

Diverse ältere Apparate.

Diverse Spiegel.

Eine biconcave Glaslinse.

Eine biconvexe Glaslinse.

Ein terrestrisches Fernrohr mit Interferenzobjecten.

Ein Gallilaeisches Fernrohr.

Stereoscop mit diversen Bildern.

Ein Prisma auf Stativ.

Ein Lichtberechnungsapparat.

Ein optisches Auge.

Eine Loupe.

Ein Mikroscop.

Apparat zum Daguerreotypieren.

Ein Quecksilberthermometer.

Ein Differentialthermometer.

Ein Luftthermometer.

Ein Psychrometer nach August nebst Stativ.

Zwei Hohlspiegel.

Ein Wärmekubus.

Eine Kugel mit Ring zu Wärmeversuchen.

Ein Fischbeinhygrometer.

Ein Modell einer Dampfmaschine.

Ein Modell eines Schieberventils.

Ein Gasentwickelungsapparat.

Ein thermoelectrischer Apparat.

Zwei natürliche Magnete.

Diverse kleinere Magnete.

Gestell zum Aufhängen von magnetischen Nadeln.

Ein Inclinatorium.

Ein Apparat, um durch Magnetismus einen electrischen Strom zu erzeugen.

Eine Glasröhre nebst Reibzeug und Korkkügelchen.

Ein Goldblattelectroscop nebst Condensator.

Eine Scheiben=Electrisirmaschine.

Eine Cylinder=Electrisirmaschine.

Ein Electroscop mit Grabbogen.

Ein Isolierschemel.

Ein Auslader.

Ein Henley's Auslader.

Diverse Ketten und kleinere Apparate zu electrischen Ver= suchen.

Eine electrische Pistole.

Ein Electrophor.

Zwei Leidner Flaschen.

Eine electrische Batterie.

Eine große Leidner Flasche.

Eine Zink= und eine Kupferplatte an isolierenden Hand= griffen.

Eine Voltaische Säule von achtzig Elementen.

Sechs Grove'sche Elemente.

Ein Schweigger's Multiplicator.

Ein galvanoplastischer Apparat.

Ein electromagnetischer Rotationsapparat.

Ein kleiner Electromagnet.

Eine magneto=electrische Rotationsmaschine.

Ein Electro=Magnet.

Apparate zum Leuchten von Kohlenspitzen, zu physiologi=
schen Versuchen, zum Zersetzen des Wassers.

Ein Nadeltelegraph.

Ein Schreibtelegraph.

Oeffentliche Prüfung

der unteren Claſſen des Lyceums

den 29. und 30. März 1860

in dem Schulſaale.

Donnerſtag.

8 Uhr Vorm. Choralgeſang.

Unter-Tertia:

8¼ „ „ Religion, Oberlehrer Dr. Stiſſer.
8¾ „ „ Griechiſch, Collaborator Dr. Müller.
9½ „ „ Franzöſiſch, Lehrer Schulze.
Declamation.

Ober-Tertia:

10 Uhr Vorm. Geſchichte, Oberlehrer Dr. Guthe.
10½ „ „ Lateiniſch, „ Dr. Deichmann.
11¼ „ „ Naturgeſchichte, „ Dr. Guthe.
Declamation.

Freitag.

Quinta.

8 Uhr Vorm. Lateiniſch, Collaborator Mejer.
8¾ „ „ Geographie Oberlehrer Dr. Guthe.
Declamation.

Sexta:

9¼ Uhr Vorm. Lateiniſch, Lehrer Schulze.
10 „ „ Rechnen, Lehrer Hinrichs.
10½ „ „ Naturgeſchichte, Collaborator Mejer.
Declamation.

Quarta:

11 Uhr Vorm. Lateiniſch, Collaborator Dr. Müller.
11¾ „ „ Rechnen, „ Dr. Mejer.
12¼ „ „ Geſchichte, „ Dr. Müller.
Declamation.

Die Hefte und Zeichnungen der Schüler werden ausliegen und die Mappencenſuren den Angehörigen der Schüler zur Einſicht ausgehändigt werden.

Oeffentliche

Abiturienten-Entlassung,

Sonnabend, den 31. März, 10 Uhr Vorm.,

in der Aula.

———————

Choral.

Lateinische Rede des Abiturienten Ernst Heinrichs aus Hannover: „Cur Athenienses ingeniorum cultura reliquos Graecos populos tantopere superarint?"

Deutsche Rede des Abiturienten Fritz Wöhler aus Hannover: „Was verdanken die Deutschen dem Römertum?"

Englische Rede des Abiturienten Friedrich Bacmeister aus Hannover: „The reign of queen Elizabeth the most conspicuous in the history of English literature.

Chorgesang.

Entlassung der Abiturienten durch den Director.

Choral.

Dr. H. L. Ahrens, Director.